비밀 독서 동아리

Banned Book Club
Copyright ⓒ 2020 by Kim Hyun Sook & Ryan Estrada
All rights reserved.

Korean translation copyright ⓒ 2020 IDEA Book Publishing Co.
This Korean translation is published by arrangement with Iron Circus Comics.

비밀 독서 동아리

초판 1쇄 발행 | 2020년 5월 18일

글 쓴 이 | 김현숙, 라이언 에스트라다
그 린 이 | 고형주

펴 낸 이 | 한성근
펴 낸 곳 | 이데아
출판등록 | 2014년 10월 15일 제2015-000133호
주   소 | 서울 마포구 월드컵로28길 6, 3층 (성산동)
전자우편 | idea_book@naver.com
페이스북 | facebook.com/idea.libri
전화번호 | 070-4208-7212
팩   스 | 050-5320-7212

ISBN 979-11-89143-14-5 (03910)

이 책은 저작권법에 따라 보호받는 저작물입니다. 무단 전제와 무단 복제를 금합니다.
이 책 내용의 일부 또는 전체를 이용하려면 반드시 저작권자와 출판권자의 동의를
얻어야 합니다.

이 책의 국립중앙도서관 출판사도서목록(CIP)은 e-CIP(http://www.nl.go.kr/ecip)와
국가자료공동목록시스템(http://www.nl.go.kr/kolisnet)에서 이용하실 수 있습니다.
(CIP 제어번호: CIP2020019404)

책값은 뒤표지에 있습니다. 잘못된 책은 구입하신 곳에서 바꿔드립니다.

김현숙·라이언 에스트라다 글 | 고형주 그림

비밀 독서 동아리

책이 금지된 시대, 만화로 보는 1980년대

이데아

차 례

1장. 신입생 환영회 ·················· 5

2장. 탈춤반 ····················· 20

3장. 영어영문학과 ················ 41

4장. 영화 상영 ···················· 53

5장. 학보사 ······················ 71

6장. 총여학생회 ·················· 93

7장. 밀고자 ······················ 118

8장. 감시와 통제 ················· 137

9장. 연대 투쟁 ···················· 160

10장. 동창회 ······················· 188

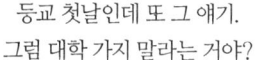

밖에 있는 폭력 사태에 대해 사과드립니다. 경찰이 시위를 진압하고 있으며, 단언컨대 대학 측은 이런 사태를 용인할 수 없습니다.

헤…

부림 사건*으로 지금 22명의 학생들과 선생님들이 감옥에 있어요. 공부는 안 하고 정권에 저항하고 빨갱이 집단에 가입했어요! 이 학생들도 여러분과 같은 기회를 얻었지만 고생하신

부모님 돈을 던져버리고 소중한 삶을 낭비하고 있어요!

* 518 광주항쟁 이듬해인 1981년 전두환 독재 정권이 부산 지역에서 자행한 민주화운동 탄압 사건. 영화 <변호인>으로도 만들어졌으며, 당시 변호사가 故 노무현 대통령이다.

열심히 공부한 여러분은 그런 위험한 곳과는 거리가 멀다고 확신합니다.

한눈팔지 말고, 그 시간과 에너지는 공부, 여러 동아리 활동 등 쓸데가 많아요.

일시
연락
누가 복도에 시위 포스터를 붙였어?
전두환은 물러나라
모두 다 떼어내!
찌익
공공시설 파손이야!
이 따위 벽보를 붙이면 감옥에 갈 줄 알아!
일시
연락
탈춤동아리
탈춤
MASKED FOLK DANCE TEAM
가톨릭
05-6537
의관 본관

2장

탈춤반

전두환은 물러나라!

물러나라! 물러나라!

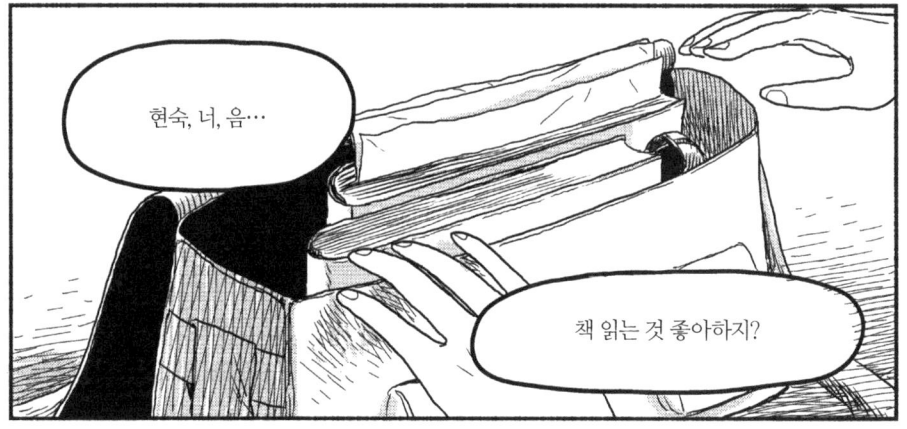

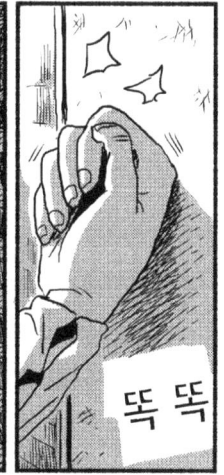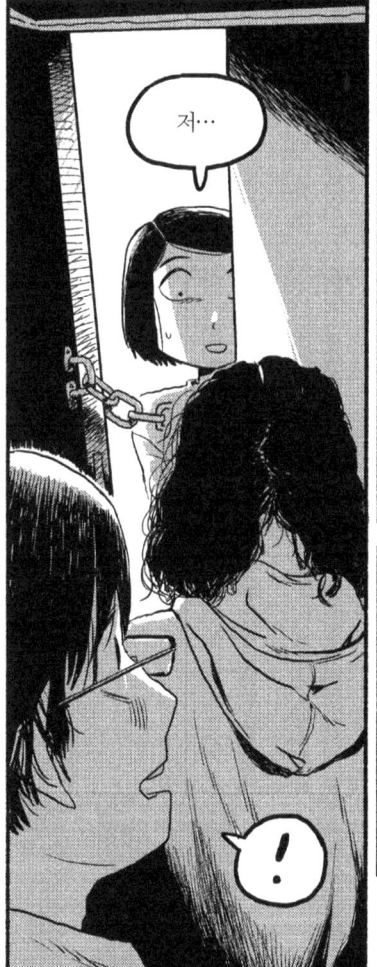

그런데 우리가 멋져 보이려고 이런다고 생각한다면, 넌 좀 깨져봐야겠다.

도움이 필요하면, 언제든 우릴 찾아와.

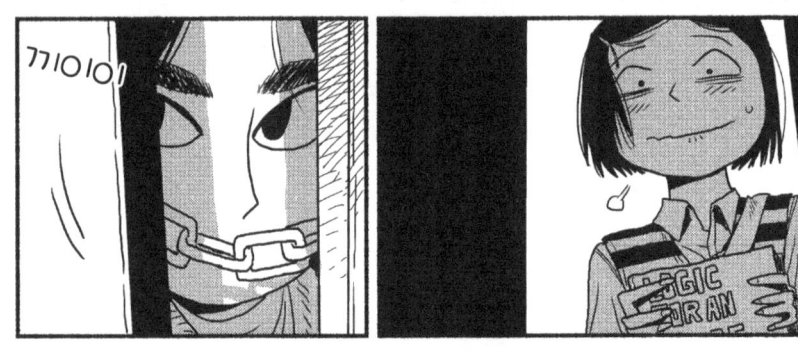

대통령보다는 독재자였지만 경제 발전 때문에 사람들이 봐준 셈이지.

나라를 재건한 것 아니야?

국민의 인권을 희생으로!

그와 기업들은 부자가 되었지만, 노동자들은 졸리지 않는 주사를 맞아가며 장시간 노동과 낮은 임금에 시달렸지.

정권에 반대하는 모든 사람을 적으로 만들고, 고문하고 때론 죽였지.

10년 넘게 그러니 그냥 일상으로 생각한 거야. 불평하면 더 심한 고통이 따르니 그냥 입 닫고 괜찮은 척했지.

박 정권이 너무 잔인하게 구니 그의 최측근이 박정희를 암살했어.

그가 죽은 지 4년이나 됐잖아.

새 대통령이 자리에 오르고 자유선거를 약속했지만 몇 달 가지 못했어. 박정희의 당이 정권을 다시 찾기를 원했고 그들의 오른팔인 전두환이 결심했지.

전 대통령?

전두환은 또 쿠데타를 일으키고 대통령이 됐지.

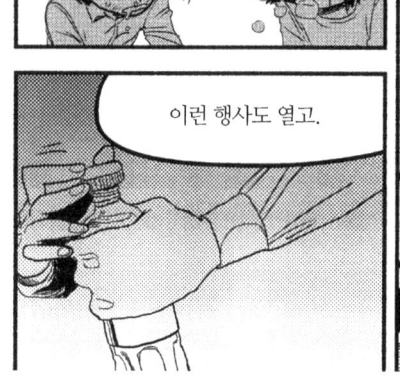

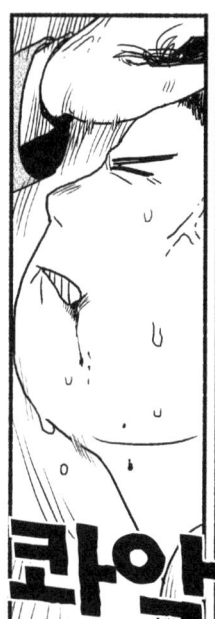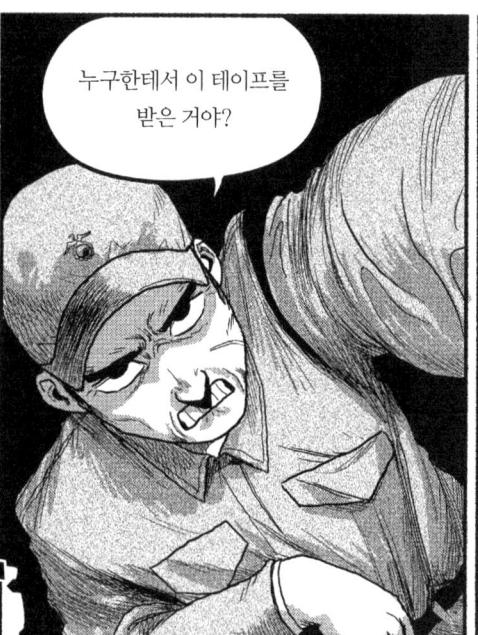

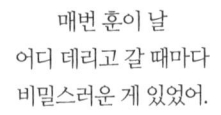

우리더러 저기서 자라고?

정말 추울 텐데.

서로 안고 있어야 해.

체온 유지를 위해.

너희들은 그렇게 해. 지후와 나는 안 껴안는 배.

난 껴안는 배에 가고 싶은데!

6장 총여학생회

윽, 지후야 미안!

미안, 늦었어!

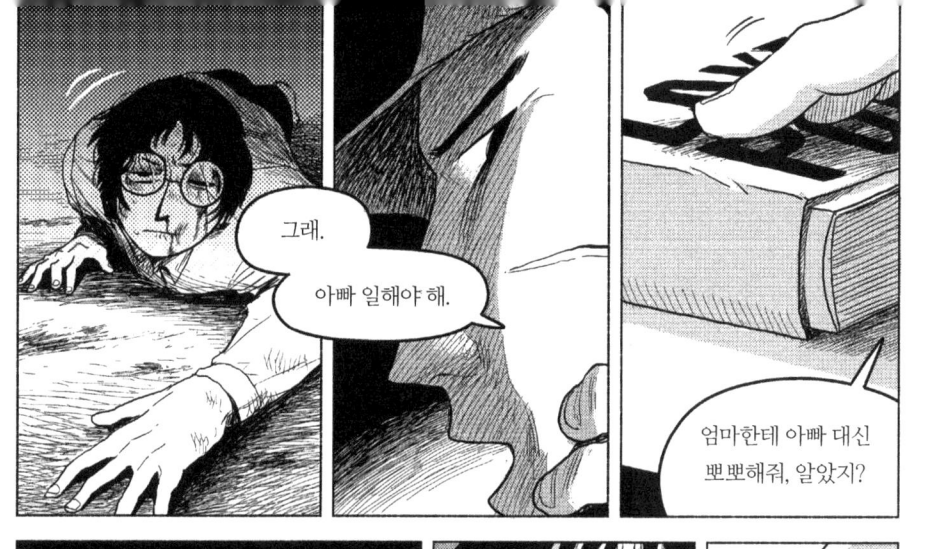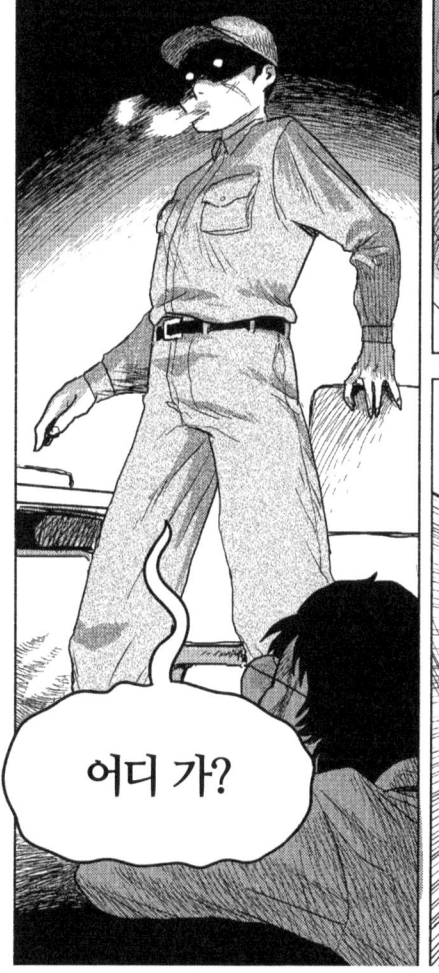

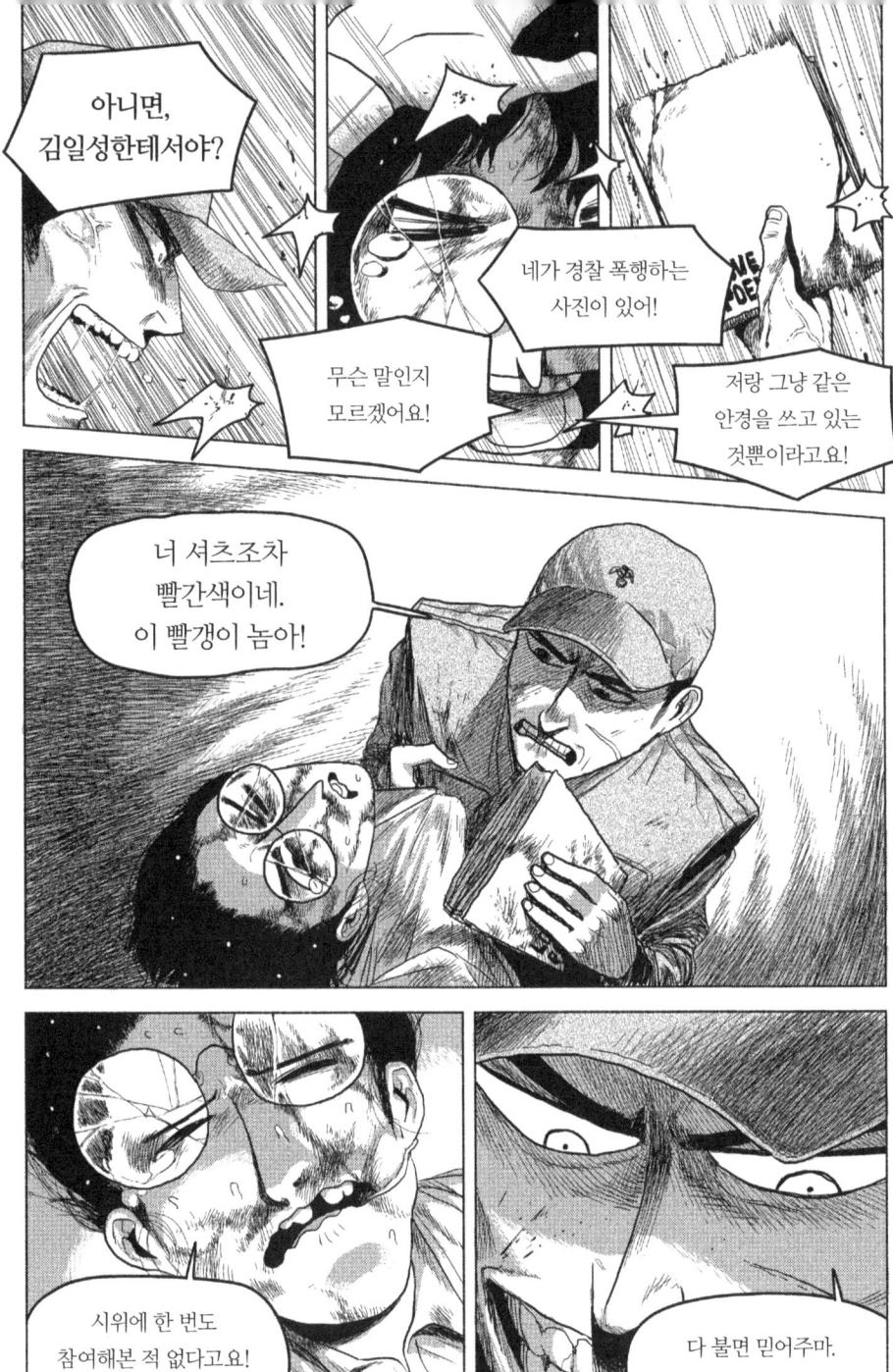

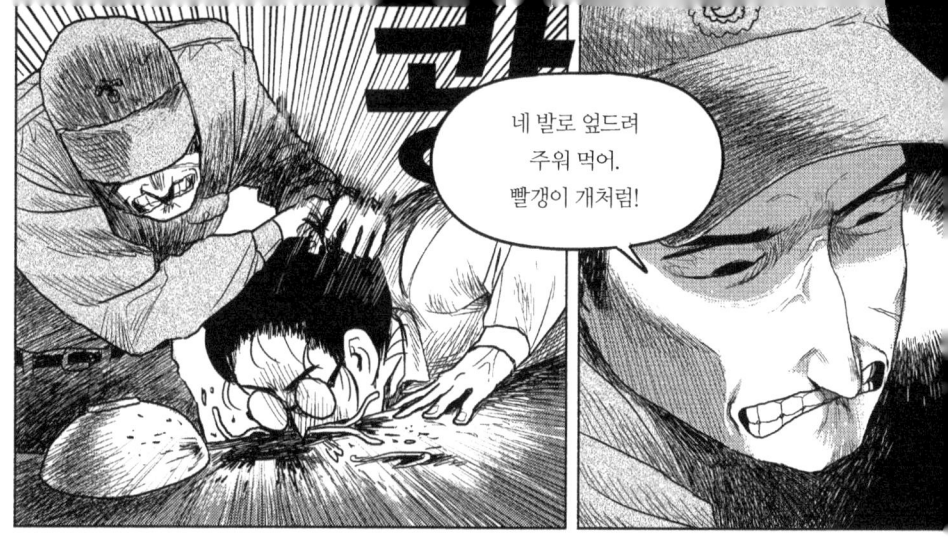

버스를 여러 번 갈아타.
미행이 붙지나 않았는지 확인하고.

버스도 갈아타고, 응?
바쁘다는 사람이 아주 희한한
방법으로 가고 있구나.

무슨 일이 일어날지 서로 알잖아.
몇 정류장 가면 커피숍이 있는데
내려서 이야기 좀 할까?

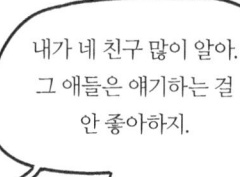

9장 연대 투쟁

신문 만들 준비해!
신문 찍을 거야!

영호가 이미 다 검열했어?
데려올까?

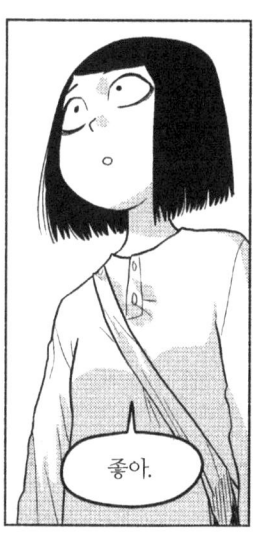

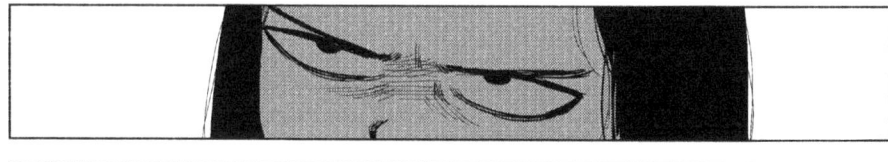

트로이 목마 알아?
뭐라고?
걔네들은 우리가 겁먹고
순수한 사람이길 바라. 그렇게
보여주면서 투명인간이 되는 거야.
ILIAD
잠깐만요.
미안해요.
죄송해요,
수업에 가야
해서요.
미안!
실례지만,
좀 지나갈게요.

무슨 일이야?

밀고자 잡았어.

뭐라고?

계속 거기 둬!

우리들을 경찰에 팔아넘긴 애야! 학보사에 있었어!

끌어내. 좀 두들겨 패게!

뭘 하든, 경찰들에게 다 말할 거야.

그러니까 굶어죽도록 거기에 둬.

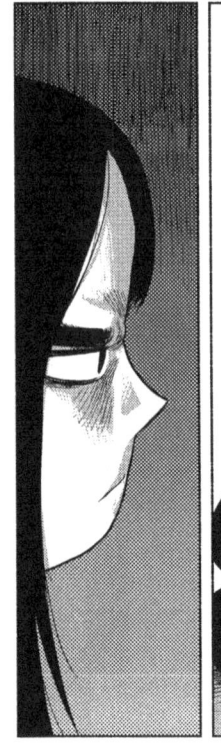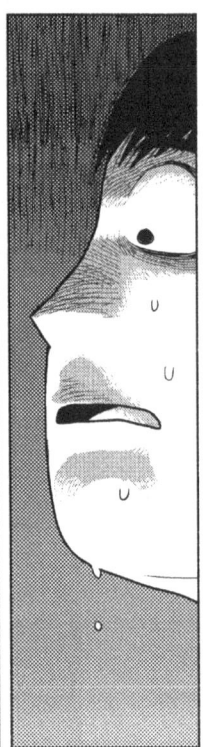

나 지금 너한테 화 많이 났어.

너 탈춤 회원들 점심 훔치는 걸 보고 내가 일렀더냐?

아니, 넌… 내게 점심을 사줬어.

그런데 넌 그 보답으로 내가 아끼는 사람들에게 상처를 줬어.

미안해, 난…

다쳤어?

난…

전두환은 물러나라!
물러나라! 물러나라!

물러나라!

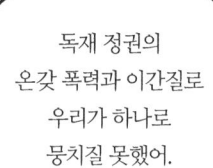

우리 세대의 작가, 활동가, 예술인, 영웅적으로 투쟁하던 이들이 투옥됐어.

그들과 감옥에서 어울릴 수 있었어!

난 교도소 수감자의 대표가 되어서 단식 농성을 주도했고, 교도소 시위도 벌였지.

지금도 교도소 개혁을 위해 싸우고 있어. 감옥에서 쓴 시들로 세 번째 책도 준비 중이고.

이 근육 좀 봐. 감옥이 너한테 한 짓이 이거야? 경찰들을 가만 안 둘 거야.

그건 수지가 할 일이지.

아니, 경찰은 오늘 우리 편이야.

자유를 억압하던 무리들은 결코 사라지지 않았다는 것. 지금의 정권이 작가, 언론인, 예술인 등 블랙리스트를 만들고, 그녀의 아버지를 비판한 교과서를 금지하려고 했고.

그러나 이번에는…

사람들이 일어났을 때 단지 소수가 아닌, 광장에서 우리 모두 함께였다고.

학생, 청년, 노동자, 가족, 정치인, 말썽꾸러기들 모두가 같이 행진한다고.

수백만의 사람들이 여러 달에 걸쳐 매주 이 나라 모든 도시의 광장과 거리에서.

"역사는 확증된 사실의 집대성이다. 생선 가게의 판자에 놓인 생선처럼 그 사실은 문서나 비문 등에서 볼 수 있는데, 역사가는 사실을 수집하고, 집으로 데려가 요리하고, 그들을 자기가 마음에 드는 방식으로 식탁에 내어 놓는다."
- 《역사란 무엇인가》, E. H. 카

이 책은 4년 동안 같이 대학을 다닌 친구들의 네트워크에서 나온 사실에 바탕을 둔 이야기다. 우리의 이야기들을 조각내고, 다져 허구의 대학을 배경으로 하나의 이야기로 엮었다.

기꺼이 인터뷰에 응해주고 조언을 마다하지 않은 김종하, 김경영, 강보성, 윤점분, 이지훈 교수와 주명자, 이미경, 이정민, 조수민 씨께 감사드린다.

이 책을 아버지이고 친구이자, 그리고 환상적인 스테이크 혁신가인 김동회(1937~2018)님에게 바친다.